《〈江西省社会保障卡一卡通条例〉释义》编委会

主　编　查金滚　凌　云

副主编　尹建明　闵　辉　汪建辉　吴芳飞

编　委　（按姓氏笔画排列）

丁志强　王　静　孙　晴　邓晰博

刘家宏　刘鸣华　张　洁　张宋娟

李　浩　李　强　陈智毅　陈春宏

陈其昌　彭　慧　谢　非　潘　建

《江西省社会保障卡一卡通条例》

释义

查金滚　凌云　主编

江西人民出版社
Jiangxi People's Publishing House
全国百佳出版社

图书在版编目（CIP）数据

《江西省社会保障卡一卡通条例》释义／查金滚，凌云主编. -- 南昌：江西人民出版社，2024.11.

ISBN 978 - 7 - 210 - 15862 - 2

Ⅰ. D927. 560. 250. 5

中国国家版本馆 CIP 数据核字第 2024PD8394 号

《江西省社会保障卡一卡通条例》释义　　　　　查金滚　凌云　主编
《JIANGXI SHENG SHEHUI BAOZHANG KA YIKA TONG TIAOLI》SHIYI

责 任 编 辑：邓丽红

封 面 设 计：小　尉

江西人民出版社 出版发行
Jiangxi People's Publishing House
全国百佳出版社

| 地　　　址：江西省南昌市三经路 47 号附 1 号（邮编：330006） |
| 网　　　址：www. jxpph. com |
| 电 子 邮 箱：551904078@ qq. com |
| 编辑部电话：0791 - 86898702 |
| 发行部电话：0791 - 86898815 |
| 承　印　厂：江西新华报业印务有限公司 |
| 经　　　销：各地新华书店 |

| 开　　　本：880 毫米 × 1230 毫米　1/32 |
| 印　　　张：2. 125 |
| 字　　　数：50 千字 |
| 版　　　次：2024 年 11 月第 1 版 |
| 印　　　次：2024 年 11 月第 1 次印刷 |
| 书　　　号：ISBN 978 - 7 - 210 - 15862 - 2 |
| 定　　　价：16. 00 元 |

赣版权登字 - 01 - 2024 - 866

目　　录

江西省第十三届人民代表大会常务委员会

公　　告

（第 134 号）

《江西省社会保障卡一卡通条例》已由江西省第十三届人民代表大会常务委员会第三十九次会议于 2022 年 5 月 31 日通过，现予公布，自 2022 年 10 月 1 日起施行。

江西省人民代表大会常务委员会

2022 年 5 月 31 日

江西省社会保障卡一卡通条例

（2022 年 5 月 31 日江西省第十三届人民代表大会常务委员会第三十九次会议通过）

第一条 为了推动社会保障卡综合应用,推进政务服务数字化、便民化,提升公共服务能力,根据国家有关规定,结合本省实际,制定本条例。

第二条 本条例所称社会保障卡,是指由省人民政府人力资源社会保障主管部门按照国家统一标准制作发行,作为持卡人享受社会保障以及其他公共服务的民生服务卡。

社会保障卡包括实体社会保障卡和电子社会保障卡。电子社会保障卡与实体社会保障卡具有同等效力。

本条例所称社会保障卡一卡通,是指依托政务服务平台和社会保障卡一卡通平台,实现社会保障卡身份识别、电子证照、信息查询、业务办理、待遇发放、医疗服务、金融服务等功能应用,实行政务服务、居民服务、社会治理等领域一卡通用。

第三条 在本省行政区域内涉及本省社会保障卡一卡通管理、应用与服务等活动适用本条例。法律、行政法规另有规定的除外。

涉及社会保障卡一卡通跨省通办相关服务要求的,按照国家和省有关规定执行。

第四条 社会保障卡一卡通管理、应用与服务应当遵循统一组织、协作共享、高效便民、保障安全的原则。

第五条 县级以上人民政府应当建立社会保障卡一卡通工作协调机制,组织领导社会保障卡一卡通管理、应用与服务工作,研究解决重大问题。

县级以上人民政府人力资源社会保障主管部门会同政务服务管理部门开展社会保障卡一卡通应用服务并建立投诉、举报制度。

县级以上人民政府发展改革、教育、工业和信息化、公安、民政、财政、住房和城乡建设、交通运输、水利、农业农村、文化和旅游、卫生健康、退役军人、应急管理、国有资产管理、林业、体育、乡村振兴、医疗保障、城市管理等有关部门,自然资源、金融监督管理等部门以及工会、共青团、妇联、残联等人民团体按照职责分工,做好社会保障卡一卡通应用服务相关工作。

第六条 省人民政府政务服务管理部门和人力资源社会保障主管部门应当会同有关部门,依托全省统一数据共享交换平台和社会保障卡一卡通平台,实现社会保障卡及其关联业务数据互联互通、实时共享。

国家机关、企业事业单位、人民团体、社会组织应当依法为社会保障卡一卡通应用服务提供信息平台和业务数据支持。

第七条 县级以上人民政府政务服务管理部门和人力资源社会保障主管部门应当会同有关部门,按照国家和省有关规定,逐步推动社会保障卡一卡通应用服务事项一网通办、全省通办。鼓励有条件的地区推进应用服务事项跨省办理。

第八条　县级以上人民政府人力资源社会保障主管部门负责本行政区域内社会保障卡发放、管理。

本省户籍人员或者享有本省公共服务权益的其他人员可以自愿申领社会保障卡,自愿选择可以办理社会保障卡业务的银行。

第九条　县级以上人民政府人力资源社会保障主管部门应当会同有关部门、人民团体以及社会保障卡合作银行完善社会保障卡服务体系,规范办事流程,在办理社会保障卡申领、使用、挂失、解挂、补换、注销、密码修改等业务时提供便利。

第十条　持卡人可以通过社会保障卡服务网点、网上服务平台、咨询服务电话等渠道开通社会保障卡应用功能。

持卡人可以通过社会保障卡合作银行服务网点开通社会保障卡金融功能,用于领取各类民生待遇资金、财政补贴资金,以及办理现金存取、转账、消费等业务。

社会保障卡服务网点应当为老年人、残疾人等提供服务便利。

社会保障卡一卡通应用服务场所应当设置社会保障卡读写、扫码终端,完善服务设施。

第十一条　社会保障卡可以用于证明持卡人身份,作为国家和省规定的公共服务场所身份核验、办理政务服务和居民服务事务、注册登录政务服务平台的有效身份证件。

持卡人办理政务服务和居民服务事务,政府有关部门及公共服务机构能够依托政务服务平台获取信息的,不得要求持卡人提供纸质文件资料或者相应证明材料。

第十二条　县级以上人民政府及其有关部门应当将所有可以直接兑付到人到户的财政补贴资金、社会保险待遇等统一发放到社会保障卡。

第十三条　国家和本省确定应当使用社会保障卡的政务服务、居民服务、社会治理等领域,有关部门不得再发放功能重复的民生服务卡、证或者电子二维码。国家另有发卡(码)要求的,融合使用。

前款规定以外的公共服务领域适合使用社会保障卡的,有关部门应当与人力资源社会保障主管部门协商,统一纳入社会保障卡一卡通。

第十四条　社会保障卡一卡通应用服务事项实行目录清单管理。省人民政府政务服务管理部门和人力资源社会保障主管部门应当会同有关部门规范编制、动态管理并及时更新应用服务事项目录,向社会公布。鼓励市、县(区)人民政府及其有关部门创新应用,制定补充目录,报上级人民政府政务服务管理部门和人力资源社会保障主管部门备案后实施。

市、县(区)人民政府及其有关部门应当按照国家和省有关规定,公布社会保障卡一卡通应用服务事项的申请条件、基本流程、办理时限等。

支持国家机关、企业事业单位、人民团体、社会组织依托社会保障卡身份识别、金融服务等功能开发其他便民服务,促进跨领域、跨行业集成应用。

第十五条 县级以上人民政府人力资源社会保障主管部门应当会同有关部门通过报刊、广播、电视和网络媒介,对社会保障卡的功能、应用领域、用卡规范和服务规程等开展宣传,营造良好的社会保障卡一卡通应用服务环境。

县级以上人民政府政务服务管理部门和人力资源社会保障主管部门应当会同有关部门组织社会保障卡一卡通应用服务场所的工作人员开展相关业务培训,提高社会保障卡一卡通应用服务水平。

第十六条 县级以上人民政府人力资源社会保障主管部门和政务服务管理部门应当会同有关部门利用技术、法律等手段,建立社会保障卡一卡通信息安全保障与监督机制,保障持卡人个人信息和资金安全。

需要查询、调用持卡人个人信息的,依照《中华人民共和国个人信息保护法》的规定执行,不得查询、调阅与服务无关的信息,确保持卡人信息安全。省人民政府社会保障卡一卡通应用服务有关部门应当制定查询、调用社会保障卡持卡人个人信息的程序及管理制度。

任何单位或者个人不得以任何方式、任何理由泄露持卡人信息,不得非法扣押持卡人的社会保障卡。

第十七条 持卡人应当妥善保管社会保障卡及其密码,不得出租、转让、出借本人社会保障卡。因本人原因造成个人信息泄露、账户资金损失的,由持卡人依法承担后果。

任何单位和个人不得冒领、冒用、盗用他人社会保障卡;不得伪造、变造或者买卖社会保障卡,买卖或者使用伪造、变造的社会保障卡。

第十八条 县级以上人民政府有关部门以及法律、法规授权的具有管理公共事务职能的组织应当依法将持卡人违法使用社会保障卡的行为记入其信用记录,并纳入省社会信用信息管理系统。

第十九条 政府有关部门、公共服务机构、社会保障卡合作银行及其工作人员,有下列行为之一的,属于国家工作人员的,对直接负责的主管人员和其他直接责任人员依法给予处分;属于其他工作人员的,由有关单位予以处理;构成犯罪的,依法追究刑事责任:

(一)不按照社会保障卡一卡通应用服务事项目录清单开展社会保障卡服务的;

(二)违反本条例规定擅自发放功能重复的民生服务卡证码的;

(三)泄露或者违法查询、使用持卡人个人信息的;

(四)拒绝或者阻挠向持卡人提供社会保障卡一卡通应用服务的;

(五)拒绝或者阻止其他部门依法利用社会保障卡查询、调用本部门管理的持卡人资料信息的;

(六)利用制作、发放社会保障卡的便利,收受他人财物或者牟取非法利益的；

（七）骗取、截留、非法扣押社会保障卡的；

（八）通过社会保障卡非法套取社会保险基金或者财政补贴资金的；

（九）其他滥用职权、玩忽职守、徇私舞弊的行为。

县级以上人民政府人力资源社会保障主管部门和其他有关部门、公共服务机构、社会保障卡合作银行及其工作人员，在社会保障卡一卡通服务管理过程中，因滥用职权、玩忽职守给持卡人造成经济损失的，应当依法予以赔偿。

第二十条　冒领、冒用、盗用他人社会保障卡，骗取社会保险基金的，由相关部门按照职责责令退回骗取的社会保险基金，处骗取金额二倍以上五倍以下的罚款；骗取财政补贴资金的，按照有关规定处罚；构成犯罪的，依法追究刑事责任。

伪造、变造或者买卖社会保障卡，买卖或者使用伪造、变造的社会保障卡，有违反治安管理行为的，由公安机关依法予以治安管理处罚；构成犯罪的，依法追究刑事责任。

第二十一条　违反本条例规定的其他行为，法律、法规已有处罚规定的，适用其规定。

第二十二条　本条例自 2022 年 10 月 1 日起施行。

条文释义

第一条 为了推动社会保障卡综合应用,推进政务服务数字化、便民化,提升公共服务能力,根据国家有关规定,结合本省实际,制定本条例。

【释义】本条是关于本条例立法目的和立法依据的规定。

一、条文具体阐释

(一)立法背景

1999 年,我国发行了第一张社会保障卡。2011 年,人力资源和社会保障部与中国人民银行开展战略合作,发行了加载金融功能的第二代社会保障卡。2017 年,发行了具有"NFC 功能"、算法安全等级更高的第三代社会保障卡。随着功能不断丰富,安全性不断提高,用卡环境不断改善,社会保障卡具备了"一卡通用"的基本条件。扩大社会保障卡应用范围,加强信息共享,实现一卡通用,可以密切政府与人民群众的关系,提高行政协作水平和办事效率,降低行政成本,方便老百姓办事。

截至 2021 年 12 月底,全国社会保障卡持卡人数达到 13.73 亿人,领用电子社会保障卡 7.91 亿张。江西省在各级人社部门的努力下,已累计发行实体卡 4778 万张、电子卡 3319 万张,签发率居全国前列,基本上做到了"应发尽发,人手一卡"。通过"赣服通"、"江西人社"App 等渠道已提供 40 余项服务事项,全省多地已经实现了"一卡通办""一卡通享""一卡通游",为群众出门办事提供了极大的方便。

但是,在社会保障卡"一卡通"推广应用过程中,遇到了许多现实的问题,如工作机制不够完善、职责分工不够明确、应用环境不够全面、各类公共服务卡码证过多过滥以及推广应用中的法律效力等问题。为进一步贯彻落实习近平总书记关于推进社会保障卡居民服务"一卡通"的重要指示精神,总结社会保障卡推广应用工作实践经验,解决好人民群众急难愁盼问题,亟需通过立法健全完善以社会保障卡为载体的居民服务"一卡通"法治保障体系。

(二)立法的必要性和可行性

第一,推动社会保障卡"一卡通"建设是江西省贯彻党中央、国务院决策部署的落实举措。党中央、国务院高度重视社会保障卡"一卡通"工作,在推进海南和雄安新区全面深化改革开放、深圳建设中国特色社会主义先行示范区等战略决策部署时,均提出建立以社会保障卡为载体的"一卡通"服务管理新模式,国家多份重要文件明确提出推动社会保障卡跨部门应用,在法规制度建设方面提供了顶层设计。江西省深入贯彻党中央、国务院决策部署,主动对标对表,把推动社会保障卡法治建设作为江西省深化"放管服"改革、保障和改善民生的落实举措,为通力打造居民服务"一卡通"江西样板提供法治保障。

第二，推动社会保障卡"一卡通"是助力江西省高质量跨越式发展的具体实践。江西省委、省政府始终把社会保障卡"一卡通"作为一项重大惠民工程来抓。2018年7月，江西省政府办公厅专门出台文件，要求整合22个民生领域服务功能，打造全省统一的政务服务卡；2022年，又把出台社会保障卡居民服务"一卡通"政策文件列入省委深改委年度重点改革任务，把推进社会保障卡"一卡通"作为服务"五型"政府建设、推进高质量跨越式发展的创新举措，努力打造全方位、多领域居民服务"一卡通"，为优化营商环境、服务民生保障作出应有贡献。

第三，推动社会保障卡"一卡通"法治建设是创新社会治理、提升政务服务效能的重要途径。社会保障卡"一卡通"工作得到了各级党委、政府及省直有关部门的大力支持与配合，制定出台了一系列政策文件，逐步实现社会保障卡在各领域各行业的应用。但是，也面临着各地进展不平衡、覆盖面不够广等问题，亟需进一步完善机制、强化统筹。我们践行以人民为中心的发展思想，以解决好人民群众急难愁盼为出发点，完善顶层设计，强化法治保障，协同各地、各部门，努力将社会保障卡打造成为安全可靠的身份凭证、便捷服务的重要载体和社会治理的有效工具。

（三）立法目的

制定江西省社会保障卡一卡通条例的主要目标就是要提高社会保障卡应用水平，提高政府服务和社会公共服务的效率，方便人民群众办事。具体而言，主要表现为以下几个方面：

一是推动社会保障卡综合应用，推进政务服务便民化。社会保障卡是带有国徽的,按照国家统一标准制作发行的功能全面、安全可靠、使用便捷,具有身份识别、电子证照、信息查询、业务办理、待遇发放、医疗服务、金融服务等功能的民生服务卡。制定本条例的目的是推动实现社会保障卡在政务服务、居民服务、社会治理等领域一卡通用。

二是推进社会保障卡政务服务数字化,推动数字政府建设。党的十八大以来,党中央、国务院从推进国家治理体系和治理能力现代化全局出发,围绕实施网络强国战略、大数据战略等作出了一系列重大部署。2022年国务院又颁布了《关于加强数字政府建设的指导意见》,明确将数字技术广泛应用于政府管理服务,推进政府治理流程优化、模式创新和履职能力提升,构建数字化、智能化的政府运行新形态,充分发挥数字政府建设对数字经济、数字社会、数字生态的引领作用,促进经济社会高质量发展,不断增强人民群众获得感、幸福感、安全感,为推进国家治理体系和治理能力现代化提供有力支撑。

三是提高办事效率,方便人民群众办事。社会保障卡"一卡通"目的就是要推动各类民生服务全面融合,构建全时在线、渠道多元、全省通办的社会保障卡"一卡通"服务体系。提升智慧便捷的民生服务能力,提高用卡单位和部门主动服务、精准服务、协同服务、智慧服务的能力。推进"多卡合一""多码合一",积极打造功能完备的数字化民生保障网络,提升普惠性、基础性、兜底性服务能力。围绕老年人、残疾人等特殊群体需求,完善线上线下服务渠道,推进信息无障碍建设,切实解决特殊群体在运用智能技术方面遇到的突出困难。

二、参考依据

1.习近平总书记在扎实推进长三角一体化发展座谈会的重要讲话(2020年8月22日)

2.《人力资源社会保障部关于印发〈人力资源社会保障信息化便民服务创新提升行动方案〉的通知》(人社部发〔2020〕83号)

3.《江西省人民政府办公厅关于加快推进社会保障"一卡通"应用工作的通知》(赣府厅字〔2018〕62号)

4.《海南省社会保障卡一卡通服务管理条例》

第二条　本条例所称社会保障卡,是指由省人民政府人力资源社会保障主管部门按照国家统一标准制作发行,作为持卡人享受社会保障以及其他公共服务的民生服务卡。

社会保障卡包括实体社会保障卡和电子社会保障卡。电子社会保障卡与实体社会保障卡具有同等效力。

本条例所称社会保障卡一卡通,是指依托政务服务平台和社会保障卡一卡通平台,实现社会保障卡身份识别、电子证照、信息查询、业务办理、待遇发放、医疗服务、金融服务等功能应用,实行政务服务、居民服务、社会治理等领域一卡通用。

【释义】本条是关于社会保障卡的定义、社会保障卡的构成以及社会保障卡一卡通的内涵的规定。

一、条文具体阐释

第一款规定了"社会保障卡"的定义,规定了发行主体、制作标准、用途与服务功能。首先明确了社会保障卡的定位,即民生服务卡;其次发行主体是省人民政府人力资源社会保障主管部门,制作与发行标准是国家统一;最后,社会保障卡多功能集成,属于综合性服务卡,可支持跨部门使用。

第二款规定了社会保障卡由实体卡和电子卡构成。电子卡是实体卡的线上形态,是持卡人享受线上服务的电子凭证,与实体卡"一一对应,唯一映射",二者具有同等效力。

第三款规定了"社会保障卡一卡通"的含义,是指政府有关部门、人民团体、社会公共服务机构等通过数据共享、系统对接,让人民群众可持社会保障卡实现身份识别、电子证照、信息查询、业务办理、待遇领取、就医购药、金融服务等功能应用,实行政务服务、居民服务、社会治理等领域一卡通用。

(一)社会保障卡的定义

首先,社会保障卡是民生服务卡,是连接政府和广大人民群众的重要桥梁。虽然其名称为社会保障卡,但其应用范围广泛,除了人力资源和社会保障领域外,社会保障卡还可用于身份证明、信息查询、业务办理、就医购药、财政补贴资金发放、社会保险待遇领取、金融支付等其他公共服务领域,由各地人民政府代表国家向符合条件的我国公民及其他自然人发放的具有法律效力的民生服务卡。发放主体是国家,由省人民政府代表国家向特定对象发放。

其次,社会保障卡具有统一性,按照国家标准制定和发行,其效力通行全国。根据《中华人民共和国社会保障卡管理办法》规定,社会保障卡是按照国家统一标准制作发行的,包括卡面样式、持卡人卡面信息、卡内文件结构、控制密钥加载、信息读写等都是全国统一的,因此社会保障卡具备通行全国的条件。在使用上,政府有关部门、公共服务机构、金融机构不得拒绝接受社会保障卡作为办事凭证。在办事过程中,社会保障卡内已有记载的信息,办事机构不得要求持卡人提供其他纸质材料或者相应证明材料。

(二)社会保障卡的构成

社会保障卡包括实体卡与电子卡两种形态。实体卡就是记录持卡人基本信息和社会保障信息的 IC 卡。实体卡卡面印刷持卡人的姓名、照片、社会保障号、银行账号等基本信息,卡内记载持卡人的社会保障和金融功能信息。电子社会保障卡是社会保障卡线上应用的有效电子凭证,是一组代表持卡人身份信息的动态二维码。电子社会保障卡由全国社会保障卡平台统一签发,人力资源社会保障部统一管理,与实体社会保障卡一一对应、唯一映射。电子社会保障卡全国统一、全国通用,具有身份凭证、信息记录、自助查询、就医购药、缴费及待遇领取、金融支付等功能。

(三)社会保障卡一卡通的定义

传统的第一代社会保障卡的功能较单一,仅具有信息记录、身份识别、信息查询等基本功能,其使用也仅限于人力资源和社会保障、就医购药等方面。随着社会保障体系的完善,数字政府的发展,特别是 2017 年第三代社会保障卡的发行,社会保障卡的应用呈现跨领域、跨地区的一卡通用的趋势。"长三角"已初步实现政务服务"一卡通办"、待遇补贴"一卡通发"、医疗健康"一卡通结"、交通出行"一卡通行"、旅游观光"一卡通游"。

社会保障卡一卡通的基本含义就是一卡通用,除了应用于人力资源和社会保障领域外,还可应用于政务服务、居民服务和社会治理等领域,不但可以在本地使用,而且可以跨地区使用。具体包含以下几个层面的含义:

1. 社会保障卡功能丰富、应用场景多样。根据第三款规定,在江西省范围内社会保障卡具有身份识别、电子证照、信息查询、业务办理、待遇发放、医疗服务、金融服务等功能,有效解决了过去"一人多卡多码,功能单一、互不通用"的问题。

(1)身份识别:社会保障卡具有记录并识别持卡人身份的作用。社会保障卡卡面和卡内均记载持卡人的姓名、性别、居民身份证号码等基本信息,卡内标识了持卡人的个人状态(就业、失业、退休等),可以记录持卡人的社会保险缴费情况、养老保险个人账户信息、医疗保险个人账户信息、职业资格和技能、就业经历、工伤及职业病伤残程度等信息。

(2)电子证照:社会保障卡与人力资源社会保障信息数据库相关联,持卡人通过社会保障卡可以直接查询专业技术的人员职业资格证书、技能人员的职业资格证书、职业技能等级证书等人力资源和社会保障领域内政府颁发给持卡人的电子证书或执照。

(3)信息查询与业务办理:持卡人可以在服务窗口、自助服务终端、移动终端或其他服务渠道登录各类政务服务和公共服务平台,查询本人劳动就业、社会保障、医疗保障等费用缴纳、待遇领取等信息,请求或自助办理相关业务。如持卡人可以凭卡办理养老保险事务;凭卡到相关部门办理求职登记和失业登记手续,申领失业保险金,申请参加就业培训;可以凭卡申请劳动能力鉴定和申领享受工伤保险待遇等。此外,社会保障卡还是持卡人与系统联络的钥匙,凭借这把钥匙,持卡人可以上网查询相关信息。

(4)待遇领取:持卡人可以通过社会保障卡的银行账户实现各类缴费和待遇领取。包括领取财政补贴资金、养老保险待遇、住房公积金、农民工工资、工资福利等。

(5)医疗服务:在定点医疗机构和药店通过社会保障卡实现本地和跨地的医疗保险、工伤保险、生育保险医疗费即时结算,支持挂号、诊疗、妊娠登记、住院登记、购药等就医过程的信息服务,实现就医购药一卡通。

(6)金融服务:2011年国家推出加载金融功能的第二代社会保障卡。持卡人只要开通社会保障卡的金融服务功能,就可以办理资金存取、转账、消费等业务。合作银行也会通过客服电话、自助服务终端、网站、移动客户端等方式,为持卡人提供社会保障卡自助服务。

2. 社会保障卡线上线下应用的有机结合。社会保障卡一卡通的一个重要特点是实现了线上线下通用。线下应用主要是指持卡人凭社会保障卡前往政务服务窗口、社会保障卡合作银行金融服务网点现场办理相关业务。线上应用,主要是指持卡人通过手机、平板电脑等移动设备线上查询社保权益记录、线上就医购药支付结算、线上办理参保缴费、线上办理职业资格认证、线上公共服务办事凭证等业务。随着一卡通业务的不断丰富,线上办理的业务也会越来越广,方便人民群众办事。

3. 社会保障卡的跨行业、跨领域、跨地区应用。社会保障卡已经突破了人力资源和社会保障领域的界线,正在朝着向社会救助、补贴资金发放等政府服务,交通、文化、旅游等公共服务领域发展。2022 年 5 月中共江西省委办公厅、江西省人民政府办公厅印发了《关于推进社会保障卡居民服务"一卡通"的意见》,明确提出 2023 年底前,基本建成"一卡通"平台和软硬件支撑环境,实现民生服务"一卡通办"、公共服务"一卡通行"。2025 年底前,实现收支结算"一卡通付"、社会服务管理"一卡通用"。持续深化居民服务领域应用,实现社会保障卡跨层级、跨地域、跨系统、跨部门"一卡通"。在政府服务领域,重点拓展社会保障卡应用的深度和广度,将社会保障卡持卡人身份信息作为自然人辅助身份认证源之一,为群众提供实名注册、身份鉴别、单点登录等服务,解决群众在不同政务服务平台重复注册、重复验证等问题,支持政府部门业务经办系统扫描验证电子社会保障卡二维码登录,提升业务经办人员登录验证的便利性和安全性。在人力资源社会保障领域,实现人力资源社会保障领域线上线下凭证用卡、缴费凭卡、待遇进卡、结算持卡。在医疗健康领域,实现社会保障卡挂号就诊、住院登记、查询打印、就医购药等医疗服务"一卡通"。在公共服务领域,交通出行实现社会保障卡在公交、地铁、ETC 等场景应用;旅游观光实现社会保障卡集成购票入园、闸机验票、景区消费等线上线下应用;推广社会保障卡作为进入图书馆、博物馆、展览馆、艺术馆等各类文化场所的身份凭证应用,并具有图书借阅证、网上预约、借书还书、续借缴费等应用。在财政资金发放与管理方面,加快推进直接兑付到人到户的各类惠民惠农财政补贴资金全部统一发放到享受补贴对象的社会保障卡中;推动实现义务兵家庭优待金、民兵训练补贴统一发放至社会保障卡;鼓励机关事业单位在岗干部职工工资性收入、工会福利、住房公积金及农民工工资等资金统一发放到社会保障卡。在基层社会服务方面,开发智慧社区安居建设、适老服务、残疾人服务等方面应用,推进社会保障卡在乡村政务服务、公共就业、技能培训、养老服务、便民缴费、农村电商、金融理财、购物消费等方面应用,助推乡村振兴服务"不出村"。

二、参考依据

1.《国务院办公厅电子政务办公室 人力资源社会保障部办公厅关于依托全国一体化在线政务服务平台做好社会保障卡应用推广工作的通知》(国办电政函〔2020〕13 号)

2.《国务院办公厅关于加快推进电子证照扩大应用领域和全国互通互认的意见》(国办发〔2022〕3 号)

3.《人力资源和社会保障部关于印发"中华人民共和国社会保障卡"管理办法的通知》(人社部发〔2011〕47 号)

4.《人力资源社会保障部关于加快推进社会保障卡应用的意见》(人社部发〔2014〕52 号)

5.《人力资源社会保障部办公厅关于全面开展电子社会保障卡应用工作的通知》(人社厅发〔2019〕45 号)

6.《人力资源社会保障部办公厅关于开展社会保障卡"一卡通"创新应用示范工作的通知》(人社厅函〔2020〕127号)

7.《海南省社会保障卡一卡通服务管理条例》

8.《海南省社会保障卡一卡通管理办法》

9.《上海市社会保障卡管理办法》

第三条 在本省行政区域内涉及本省社会保障卡一卡通管理、应用与服务等活动适用本条例。法律、行政法规另有规定的除外。

涉及社会保障卡一卡通跨省通办相关服务要求的,按照国家和省有关规定执行。

【**释义**】本条是关于本条例的适用范围的规定。

一、条文具体阐释

江西省范围内推进社会保障卡一卡通的立法目的在于促进社会保障卡跨部门、跨地区、跨层级间集成应用,打造居民服务一卡通江西经验、全国样板。因此在卡的管理、应用与服务等方面作出了许多改革与创新,具有一定的超前性。但考虑到根据法律法规制作发行的其他类似的政府服务卡还在应用中,以及跨省服务需要按照国家有关规定统筹推进,为保证江西省地方法规与法律法规的协调一致,故在保障江西省推广社会保障卡一卡通前提下,设置了"但书"条款。主要表现为法律、行政法规另有规定的,按法律法规规定办理,涉及跨省服务的,按照国家有关规定执行。

本条例的立法主要是围绕社会保障卡的一卡通应用展开的。

其中重点内容有社会保障卡及其一卡通的定义(第二条),社会保障卡一卡通应用中应遵循的原则(第四条),社会保障卡一卡通推行协调机制、投诉举报、职能分工等机制体制(第五条),社会保障卡一卡通应用推广的主管部门职责(第六、七条),社会保障卡发放、管理、便民服务(第八、九、十条),社会保障卡一卡通主要应用领域(第十一、十二、十三条),社会保障卡一卡通目录管理机制(第十四条),宣传推广培训(第十五条),信息安全与资金安全(第十六条),持卡人义务以及社会保障卡应用的禁止性规范(第十七条),法律责任(第十八、十九、二十条)。

二、相关法律法规

《中华人民共和国立法法》

三、参考依据

1.《海南省社会保障卡一卡通管理办法》

2.《上海市社会保障卡管理办法》

第四条 社会保障卡一卡通管理、应用与服务应当遵循统一组织、协作共享、高效便民、保障安全的原则。

【释义】本条是关于社会保障卡一卡通应用应遵循的基本原则的规定。

一、条文具体阐释

当前社会保障卡一卡通工作面临的主要问题是部门之间信息共享存在一定程度的壁垒,业务协作存在一定障碍,用卡标准和规范不统一,用卡信息安全无法协调一致、权责不清晰等。因此,本条例结合电子政务建设经验和社会保障卡一卡通推广应用现实问题,提出了相关基本原则。

（一）统一组织

社会保障卡一卡通是一项基础工程,要求各部门统一认识。各级政府要在党委统一领导下,履行社会保障卡一卡通建设主体责任,谋划落实好社会保障卡一卡通建设各项任务,及时研究解决影响社会保障卡一卡通建设的重大问题。

县级以上人民政府应当按照本条例的规定,建立社会保障卡一卡通工作协调机制,强化统筹规划,明确职责分工,抓好督促落实,保障社会保障卡一卡通在本行政区域内的有序推进。

（二）协作共享

社会保障卡一卡通建设应当围绕省委、省政府的决策,以人民群众应用需求为引导,强化系统观念,加强分工协作,全面提升社会保障卡一卡通建设水平,统筹推进技术融合、业务协作、数据共享,提升跨层级、跨地域、跨系统、跨部门、跨业务的协同管理和服务水平,促进社会保障卡一卡通建设与数字政府建设协调发展。

（三）高效便民

2018 年 6 月《江西省人民政府办公厅印发关于加快推进社会保障"一卡通"应用工作的通知》(赣府厅字〔2018〕62 号)提出"推进全省惠民资金发放、医疗卫生、社会保障、公共交通等民生领域公共服务功能整合集中,实现社会保障卡在更广泛领域应用;加大社会保障卡普及推广力度,进一步完善功能,努力做到全省城乡居民'人手一卡'、全省'一卡通用'"。

2022年3月《中共江西省委办公厅、江西人民政府办公厅印发〈关于推进社会保障卡居民服务"一卡通"的意见〉的通知》(赣办发〔2022〕14号),明确提出实现民生服务"一卡通办"、公共服务"一卡通行"、收支结算"一卡通付"、社会服务管理"一卡通用"四个方面13个领域的一卡通用。

社会保障卡一卡通高效便民主要表现在,人民群众可以通过线上、线下等多种渠道申领、启用、挂失、解挂、补换社会保障卡。

持卡人可以凭社会保障卡(含电子社保卡)实现线上、线下的查询和业务办理,可以通过电子社会保障卡向办事机构出示相关证书,办事部门不再要求群众出示纸质证照(第十一条第二款);社会保障卡除了基本的办理社会保障业务的功能外,还具有金融功能,持卡人在合作金融机构激活金融功能后,就可进行缴费、领取财政补贴和社会保险待遇,进行资金存取、转账、消费(第十条第二款)。社会保障卡可以用于证明持卡人身份(第十一条第二款)。社会保障卡具有通行全国的效力,根据国家和省级规定,可以进行跨行业、跨领域、跨地区应用。

由上可知,条例充分体现了社会保障卡一卡通高效便民的特点。

(四)保障安全

社会保障卡一卡通工作要全面落实总体国家安全观,坚持社会保障卡一卡通应用与安全可靠相统一,严格落实网络安全、信息安全相统一的各项法律法规制度,全面构建制度、管理和技术衔接配套的安全防护体系,切实守住网络安全底线。落实主体责任和监督责任,构建全方位、多层级、一体化安全防护体系,建立社会保障卡一卡通安全评估和重大事件处置机制,确保社会保障卡一卡通应用系统和数据安全管理边界清晰、职责明确。加大对社会保障卡应用中涉及国家秘密、工作秘密、商业秘密、个人隐私和个人信息等数据的保护力度。加强对涉及社会保障卡一卡通基础设施安全保护和网络安全等级保护,定期开展网络安全、保密和密码应用检查,提升社会保障卡一卡通平台基础设施的安全水平。

二、参考依据

1.《国家信息化发展战略纲要》(2016 年 7 月)

2.《人力资源社会保障部关于印发"中华人民共和国社会保障卡"管理办法的通知》(人社部发〔2011〕47 号)

3.《人力资源社会保障部关于加快推进社会保障卡应用的意见》(人社部发〔2014〕52 号)

4.《海南省社会保障卡一卡通服务管理条例》

第五条 县级以上人民政府应当建立社会保障卡一卡通工作协调机制,组织领导社会保障卡一卡通管理、应用与服务工作,研究解决重大问题。

县级以上人民政府人力资源社会保障主管部门会同政务服务管理部门开展社会保障卡一卡通应用服务并建立投诉、举报制度。

县级以上人民政府发展改革、教育、工业和信息化、公安、民政、财政、住房和城乡建设、交通运输、水利、农业农村、文化和旅游、卫生健康、退役军人、应急管理、国有资产管理、林业、体育、乡村振兴、医疗保障、城市管理等有关部门,自然资源、金融监督管理等部门以及工会、共青团、妇联、残联等人民团体按照职责分工,做好社会保障卡一卡通应用服务相关工作。

【释义】本条是关于政府部门推行社会保障卡一卡通的职责和工作机制的规定。

一、条文具体阐释

第一款规定县级以上人民政府应当建立社会保障卡一卡通工作协调机制,旨在强化统筹协调和部门协同。

第二款明确人力资源社会保障主管部门和政务服务管理部门在推动社会保障卡一卡通工作的职责与分工。人力资源社会保障主管部门作为社会保障卡工作责任部门,政务服务管理部门作为电子政务工作责任部门,按照其部门职责和当前运行的工作机制进行合理分工。

第三款规定了其他政府有关部门、人民团体按照职责分工承担相应工作。

(一)县级以上人民政府建立一卡通工作协调机制

当前社会保障卡一卡通应用推广过程面临的主要困难是缺乏统一的决策、协调、检查与督促机制。第一款规定县级以上人民政府应当建立社会保障卡一卡通工作协调机制,研究解决一卡通管理、应用与服务工作中的重大问题,提高各部门共同协作水平。

社会保障卡一卡通工作协调机制是实现"统一组织"的重要措施。该措施的主要内容包括县级以上人民政府的主要领导应当及时协调解决社会保障卡一卡通应用过程中遇到的困难和问题,明确责任单位和责任人,加大工作推进力度,强化技术支撑,加强资金保障。各地各部门要按照工作要求及时将工作进展情况报告给当地人民政府,确保优质高效完成社会保障卡一卡通工作任务。

(二)人力资源社会保障、政务服务管理部门职责

第二款明确人力资源社会保障主管部门和政务服务管理部门在推动社会保障卡一卡通工作的职责与分工。人力资源社会保障主管部门作为社会保障卡工作责任部门,政务服务管理部门作为电子政务工作责任部门,按照其部门职责和当前运行的工作机制进行合理分工。

人力资源社会保障主管部门:负责本行政区域内社会保障卡的发行和管理、社会保障卡"一卡通"服务体系建设,会同政务服务管理部门开展社会保障卡一卡通应用服务并建立投诉、举报制度。在全省人社系统实现社会保障卡作为群众办事的身份凭证。将人社部门发放的其他各类卡证功能统一整合至社会保障卡,全面实现人社领域各类缴费及资金发放等"一卡通"服务。提高社会保障卡覆盖面,提升基础服务能力,实现全省城乡居民持卡全覆盖。

省政务服务管理部门:牵头建立各单位参与的联络机制,组织召开联络员会议,协调做好各有关单位信息资源共享;协调解

决一卡通应用推进中的困难问题;定期调度各设区市、各成员单位一卡通应用工作进展;对工作成效进行督导考评。

（三）政府部门、机关团体等部门职责

第三款规定了其他政府有关部门、公共服务机构承担的社会保障卡一卡通的职责。2018年6月《江西省人民政府办公厅印发关于加快推进社会保障"一卡通"应用工作的通知》（赣府厅字〔2018〕62号），明确了相关职能部门的职责与分工。2019年，根据《全省社会保障"一卡通"应用工作协调会议纪要》（赣府专纪〔2019〕3号）的要求，结合机构改革职能调整情况，对相关职能部门社会保障卡"一卡通"的主要职责进行了完善。

发展改革部门(省信息中心)：依托全省电子政务共享数据统一交换平台，加快推进实现全省社会保障"一卡通"数据和多部门间相关数据资源信息共享，为社会保障卡跨部门应用和多领域业务协同提供技术支撑;将电子社会保障卡纳入政务服务签发和实名认证建设内容，作为全省公共服务的统一入口，统一提供认证服务。

教育部门：实现与社会保障卡数据信息互联互通，依托社会保障卡银行账户，实现全省学前教育资助、义务教育资助、高中教育资助、中高等教育资助、国家奖（助）学金等教育补贴精准发放;增强社会保障卡公共服务功能，拓展在教育领域的应用，作为各类场馆的入场有效身份凭证;负责提供学生社会保障卡制发所需的学籍照片等信息。

公安部门：实现与社会保障卡数据信息互联互通，逐步将涉及民生领域的公共服务功能全部通过社会保障卡实现；通过共享居民身份证、户籍等相关信息，依托电子社会保障卡线上服务，减少群众窗口办事提供的证明材料。

民政部门：依托社会保障卡就医"一卡通"，实现基本医疗保险、大病保险、重大疾病医疗补充保险和民政大病救助"一站式"结算。完善数字民政信息系统功能，实现全省数字民政信息系统与社会保障卡数据信息互联互通。将低保、特困人员分散救助供养、医疗救助、临时救助等各类社会救助资金，扶贫资金、优待抚恤资金，老年人高龄津贴，经济困难的高龄、失能老年人补贴，困难残疾人生活补贴和重度残疾人护理补贴等统一使用社会保障卡办理。通过共享社保待遇、殡葬、优抚、婚姻等信息，实现民政救助精准管理、精准帮扶，确保各类社会保障待遇精准发放。

财政部门：以社会保障卡持卡人的基本信息数据为基础，依托省数据共享交换平台推进财政信息系统和社会保障卡数据信息互联互通，逐步实现农业农村、林业、水利、民政、教育、卫生健康等领域可以直接兑付到人到户的惠民惠农财政补贴资金统一使用社会保障卡办理。

住房和城乡建设部门：实现与社会保障卡数据信息互联互通，逐步推进社会保障卡在公积金缴存、提取、贷款及日常业务办理方面的应用；探索推动在住房保障等领域的应用。

交通运输部门：实现与社会保障卡数据信息互联互通，搭建社会保障卡应用环境，推进实现在全省公共交通领域的应用。

水利部门：实现与社会保障卡数据信息互联互通，探索推进社会保障卡在水利领域的应用。

农业农村部门:实现与社会保障卡数据信息互联互通,依托社会保障卡银行账户,实现全省耕地地力保护补贴等农业补贴精准发放。

文化和旅游部门:优化社会保障卡公共服务功能,拓展在文化旅游领域的应用,作为文化、旅游、文物等各类场馆和公共文化活动的入场有效身份凭证。

卫生健康部门:建立全省医保、卫生、医院三方数据信息资源共享机制,完善全员人口信息数据库、全民健康信息平台与社会保障卡数据共享接口应用,实现全省城乡居民使用社会保障卡实名挂号、诊疗、检查、查询、审核、住院、结算等就医全过程社会保障卡"一卡通",实现全省城乡居民跨区域、跨机构授权查询诊疗、处方、电子病历、医保结算、健康档案、病理案例等信息。逐步建立全省医疗机构医学检查影像数据结果共享机制,提高医疗资源使用效率。

退役军人事务部门:实现与社会保障卡数据信息互联互通,依托社会保障卡银行账户,实现全省优抚对象抚恤和生活补助、义务兵优待金、烈士褒扬金等补贴精准发放。

应急管理部门:实现与社会保障卡数据信息互联互通,依托社会保障卡银行账户,配合民政部门实现自然灾害生活救助等资金精准发放。

林业部门:实现与社会保障卡数据信息互联互通,依托社会保障卡银行账户,实现全省退耕还林、公益林补助、天然林保护补助等林业补贴精准发放。

乡村振兴部门:实现与社会保障卡数据信息互联互通,依托社会保障卡银行账户,实现扶贫资金和易地扶贫搬迁户建房补助、水库移民后期扶助金等补贴精准发放;配合推进实现基本医疗保险、大病保险、重大疾病医疗补充保险和医疗救助"一站式"结算。

医疗保障部门:指导医疗机构完善信息系统功能,在定点医疗机构和药店实现社会保障卡实名挂号、诊疗、检查、查询、审核、住院、结算等就医购药全过程一卡通;推行电子社会保障卡线上应用,推动医疗基本保险、大病保险、重大医疗补充保险和医疗救助"一站式"结算。

金融监督管理部门:指导各金融机构落实社会保障卡各项优惠政策,提供社会保障卡便捷服务,指导各商业保险公司配合做好基本医疗保险、大病保险、重大疾病医疗补充保险和医疗救助"一站式"结算。

人民银行南昌中心支行:指导金融机构做好社会保障卡金融应用保障和支付结算等相关工作。

中国银联江西分公司:为社会保障卡跨行缴费、支付结算提供支持,实现社会保障卡在云闪付 App 上的应用,方便群众通过电子社会保障卡进行线上缴费和支付结算。

税务部门:依托社会保障卡关联的银行账户,方便持卡人缴纳各类社会保险费。

工会:实现与社会保障卡数据信息互联互通,依托社会保障卡银行账户,配合民政部门实现全省困难、大病职工帮扶等资金精准发放,推进工会福利进卡。

妇联:实现与社会保障卡数据信息互联互通,依托社会保障卡银行账户,配合民政部门实现全省贫困妇女"两癌"救助等资金精准发放。

残联:实现与社会保障卡数据信息互联互通,依托社会保障卡银行账户,配合民政部门实现全省残疾人生活补贴、残疾人护理补贴等资金精准发放。

金融机构:确保至少设立一家社会保障卡金融服务网点,全天候提供社会保障卡申领、挂失、解挂、补换、注销、密码修改、查询等服务;本着便民利民惠民的原则,开通绿色通道,减免年费、小额账户管理费、短信提醒费、挂失手续费、跨行及跨区域存取款手续费等管理费用。

医疗机构:开展信息系统改造,完善系统功能与医疗保险结算系统接口,实现住院诊疗信息、处方信息、病案首页和电子病历实时上传;搭建用卡环境,部署自助服务终端、读卡和扫码设备,实现持社会保障卡挂号、诊疗、检查、查询、审核、住院、诊间结算等一卡通服务;创新医疗服务方式,充分发挥电子社会保障卡线上服务功能,利用移动互联网技术,实现手机终端和自助终端一站式服务,确保医保资金安全高效。

商业保险公司:配合实现基本医疗保险、大病保险、重大疾病医疗补充保险和医疗救助四条保障线一站式结算。

二、参考依据

1.《江西省人民政府办公厅关于加快推进社会保障"一卡通"应用工作的通知》(赣府厅字〔2018〕62号)

2.《江西省人力资源和社会保障厅 江西省政务服务管理办公室关于印发江西省社会保障"一卡通"应用工作成员单位主要职责等文件的通知》(赣人社字〔2019〕109号)

3.《海南省社会保障卡一卡通服务管理条例》

4.《上海市社会保障卡管理办法》

第六条 省人民政府政务服务管理部门和人力资源社会保障主管部门应当会同有关部门,依托全省统一数据共享交换平台和社会保障卡一卡通平台,实现社会保障卡及其关联业务数据互联互通、实时共享。

国家机关、企业事业单位、人民团体、社会组织应当依法为社会保障卡一卡通应用服务提供信息平台和业务数据支持。

【释义】本条是关于推进平台建设与数据共享的规定。

一、条文具体阐释

2018年,江西省人民政府办公厅印发了《关于加快推进社会保障"一卡通"应用工作的通知》(赣府厅字〔2018〕62号),提出依托省数据共享交换平台加快推进全省社会保障"一卡通"数据共享,推进相关数据信息实现多部门间共享,为社会保障卡跨部门应用和多领域业务协同提供技术支撑,真正做到"让数据多跑路、群众少跑腿"。推进部门数据共享是实现跨部门一卡通用的基础条件,本条第一款对此进行了落实性规定。第二款还规定其他国家机关、人民团体、企业事业单位、社会组织应当为实现社会保障卡及其关联业务数据互联互通、实时共享提供信息平台和业务数据支持。

2020 年人社部颁布《人力资源社会保障部关于印发〈人力资源社会保障信息化便民服务创新提升行动方案〉的通知》(人社部发〔2020〕83 号)。江西省率先在全省范围内推动人社系统"全数据共享、全服务上网、全业务用卡",依托全省统一数据共享交换平台和社会保障卡一卡通平台,实现社会保障卡及其关联业务数据互联互通、实时共享。

第一,实现人社数据跨层级跨部门共享。凡是纳入共享目录的数据不再要求群众提供。实现江西省人社一体化平台与人力资源社会保障部部级平台系统对接,依托人社部和省政府数据共享平台面向全省人社部门提供数据共享服务,实现江西省社会保障卡跨部门共享数据。

第二,依托全国人社服务平台,完成江西省人社一体化平台、省集中业务系统部级平台的改造对接,实现各项服务全国"一网通办",落实"跨省通办"任务。在全省范围内提供无差别、一体化的政务服务。

第三,制定江西省社会保障卡"一卡通"应用目录,不断丰富民生保障领域社会保障卡应用场景,整合各类民生卡,集成各类民生服务,推进各类财政补贴资金通过社会保障卡发放。推动以社会保障卡为载体建立居民服务"一卡通",在交通出行、旅游观光、文化体验等方面实现"同城待遇",形成"一卡通"服务管理新模式。

第四,依托一体化平台统一身份认证系统,实现社会保障卡持卡人身份认证,为持有社会保障卡的群众提供实名注册、身份鉴别、单点登录等服务,解决群众在不同地区和部门的政务服务平台重复注册、重复验证等问题。

二、参考依据

1.《关于加快推进全国一体化在线政务服务平台建设的指导意见》(国发〔2018〕27号)

2.《国务院办公厅电子政务办公室 人力资源社会保障部办公厅关于依托全国一体化在线政务服务平台做好社会保障卡应用推广工作的通知》(国办电政函〔2020〕13号)

3.《江西省人民政府办公厅关于加快推进社会保障"一卡通"应用工作的通知》(赣府厅字〔2018〕62号)

4.《海南省社会保障卡一卡通服务管理条例》

第七条 县级以上人民政府政务服务管理部门和人力资源社会保障主管部门应当会同有关部门,按照国家和省有关规定,逐步推动社会保障卡一卡通应用服务事项一网通办、全省通办。鼓励有条件的地区推进应用服务事项跨省办理。

【释义】本条是关于社会保障卡一卡通应用服务事项一网通办、跨省办理的规定。

一、条文具体阐释

按照国务院推进政务服务"一网、一门、一次"改革要求,通过发挥全国一体化政务服务平台支撑作用,推动"一卡通"应用服务事项一网通办、全省通办,深入加强跨层级、跨领域、跨部门协同管理和服务,将有效提升政务服务标准化、规范化、便利化水平,进一步提增一卡通的社会效益。本条是对政务服务一网通办的落实性规定。

2018年国务院颁布《关于加快推进全国一体化在线政务服务平台建设的指导意见》(国发〔2018〕27号),要求依托全国一体化在线政务服务平台(以下简称一体化平台),加快推进社会保障卡跨地区、跨部门应用。2020年,国务院办公厅电子政务办公室、人力资源社会保障部办公厅印发《关于依托全国一体化在线政务服务平台做好社会保障卡应用推广工作的通知》,要求各地区、各部门要以国家政务服务平台(以下简称国家平台)为总枢纽,推动社会保障卡在各地区和国务院有关部门政务服务平台的应用,实现人力资源社会保障信息的共享复用,便利群众办事,提高服务效能。2020年江西省也下发了《关于依托全国一体化在线政务服务平台做好社会保障卡应用推广工作的通知》,要求按照"部门职能不变、上下左右兼容、全省范围通用"原则,以一体化平台为总枢纽,充分利用电子社会保障卡应用成效推进"人手一码、一码多用、全省通用",实现人力资源社会保障信息共享复用,提高政务服务效能。

按照国家和省有关规定,推动社会保障卡一卡通应用服务事项一网通办、全省通办的主要工作是：

1. 依托一体化平台身份认证系统，实现免注册快速登录政务公共服务平台。通过对接一体化平台统一身份认证系统，将电子社会保障卡作为自然人辅助身份认证源之一。各地、各有关部门利用全省统一身份认证系统，为电子社会保障卡持卡群众提供实名注册、身份鉴别和单点登录等服务，减少群众在不同地区和部门的政务公共服务平台重复注册、重复验证等，提高办事效率。

2. 依托一体化平台电子证照共享服务系统，实现社会保障卡电子证照共享互认。对接一体化平台电子证照共享服务系统，充分利用电子社会保障卡全国统一、全国通用的特点，实现电子社会保障卡"跨地区、跨部门"业务办理。各地、各有关部门要加快推动业务系统对接全省统一电子证照共享服务系统获取社会保障卡电子证照文件，引导群众通过社会保障卡电子证照"亮证""用证"，有效解决群众办事没有携带实体社会保障卡和需要提交复印件的问题。

3. 依托"赣服通"移动政务服务平台，提升政务服务便利化水平。将电子社会保障卡作为"赣服通"移动政务服务平台用户登录认证的主要渠道之一，推动电子社会保障卡线上领取，实现"人手一码"，完善拓展个人社保信息查询、社保关系转移、缴费支付等服务。通过数据共享互通，推动群众持电子社会保障卡办理政务公共服务业务。

4. 大力推动一体化平台线上线下融合，增强社会保障卡"一卡通"功能。各地、各有关部门要基于一体化平台的基础支撑能力,扎实推进社会保障卡"一卡通"应用工作,重点推动电子社会保障卡在人社、财政、医疗卫生、民政、公积金、公共交通、文化旅游、智慧城市等政务公共服务领域的应用,不断完善社会保障卡线上线下服务功能,提升政务公共服务效能。

二、参考依据

1.《国务院关于加快推进政务服务标准化规范化便利化的指导意见》(国发〔2022〕5号)

2.《国务院办公厅电子政务办公室 人力资源社会保障部办公厅关于依托全国一体化在线政务服务平台做好社会保障卡应用推广工作的通知》(国办电政函〔2020〕13号)

3.《江西省政务服务管理办公室 江西省人力资源和社会保障厅 江西省信息中心关于依托全国一体化在线政务服务平台做好社会保障卡应用推广工作的通知》(赣政务明电〔2020〕17号)

4.《江西省人民政府办公厅关于全省加快推进政务服务"一网通办"解决群众办事堵点问题专项工作实施方案的通知》(赣府厅字〔2018〕58号)

5.《江西省人民政府办公厅关于加快推进社会保障"一卡通"应用工作的通知》(赣府厅字〔2018〕62号)

6.《海南省社会保障卡一卡通服务管理条例》

第八条 县级以上人民政府人力资源社会保障主管部门负责本行政区域内社会保障卡发放、管理。

本省户籍人员或者享有本省公共服务权益的其他人员可以自愿申领社会保障卡,自愿选择可以办理社会保障卡业务的银行。

【释义】本条是关于人力资源社会保障主管部门职责、社会保障卡申领对象以及申领社会保障卡时选择合作银行的规定。

一、条文具体阐释

第一款主要规定了县级以上人民政府人力资源社会保障主管部门在社会保障卡发放和管理方面的职责。

省人力资源和社会保障厅的职责主要是加大社会保障卡发行工作力度,提高社会保障卡覆盖面,提升基础服务能力;推进社会保障卡在全省人社领域的应用,实现社会保障卡作为群众办事的身份凭证,整合人社部门发放的其他各类卡证功能,实现人社领域各类缴费及资金发放等"一卡通"服务。

市、县(区)人力资源社会保障主管部门负责本行政区域内的社会保障卡发放、管理、应用与服务工作,主要包括:第一,县级以上人民政府人力资源社会保障主管部门应加大社会保障卡发卡工作力度,提高社会保障卡覆盖面;第二,县级以上人民政府人力资源社会保障部门承担社会保障卡的制作、发行、服务职能,完善社会保障卡服务体系。第三,不断提升基础服务能力,提高社会保障卡的管理能力和服务水平。第四,以社会保障卡为载体,推动政务服务、居民服务、社会治理等领域的一卡通用。

第二款主要明确了本省范围内社会保障卡申领对象,申领社会保障卡时可以自愿选择合作银行。

根据社会保险法和国家有关法律规定,社会保障卡的对象包括享受我国社会保障的我国公民以及在大陆地区享有社会保障权益的人员均可以申领社会保障卡。故江西省明确了只要是本省户籍人员或者享有本省公共服务权益的其他人员,都可以自愿申领社会保障卡。申领社会保障卡时由申领人自主选择合作银行,体现公平原则,实现银行间的有序竞争。目前,江西省社会保障卡的合作银行有18家,分别是中国工商银行、中国农业银行、中国银行、中国建设银行、交通银行、江西农商银行、中信银行、江西银行、邮政储蓄银行、招商银行、上饶银行、九江银行、赣州银行、民生银行、光大银行、浦发银行、广发银行、兴业银行。

二、参考依据

1.《人力资源社会保障部关于印发"中华人民共和国社会保障卡"管理办法的通知》(人社部发〔2011〕47号)

2.《江西省人民政府办公厅关于加快推进社会保障"一卡通"应用工作的通知》(赣府厅字〔2018〕62号)

3.《海南省社会保障卡一卡通服务管理条例》

4.《上海市社会保障卡管理办法》

第九条 县级以上人民政府人力资源社会保障主管部门应当会同有关部门、人民团体以及社会保障卡合作银行完善社会保障卡服务体系,规范办事流程,在办理社会保障卡申领、使用、挂失、解挂、补换、注销、密码修改等业务时提供便利。

【释义】本条是关于社会保障卡一卡通服务体系的规定。

一、条文具体阐释

结合第八条第一款,县级以上人民政府人力资源社会保障主管部门承担社会保障卡的发放、管理工作,应当会同有关部门、人民团体以及社会保障卡合作银行完善社会保障卡服务体系,规范办事流程,创造良好用卡环境,方便人民群众持卡用卡。

县级以上人民政府人力资源社会保障主管部门应进一步强化管理,有效地统筹好各地社会保障卡的申领、使用、挂失、解挂、补换、注销、密码修改等方面工作,切实为全省居民持卡用卡提供便利。

县级以上人民政府人力资源社会保障主管部门以服务资源为依托,鼓励各地选择服务质量优、服务态度好的金融机构开展合作。社会保障卡合作银行要完善社会保障卡服务体系,规范办事流程,为持卡人办理社保卡申领、使用、挂失、解挂、补换、注销、密码修改等业务时提供便利。特别是办理社会保障卡金融功能注销业务时,应当以便民服务为基本宗旨,保障群众自由选择银行的权利。对于有跨行补换卡需求的,不得阻碍、限制持卡人注销社会保障卡银行账户,不得要求持卡人回原开户行所在地注销社会保障卡银行账户。本着便民利民惠民的原则,为社会保障卡设置专属服务优惠,开辟绿色通道,主动免除年费、小额账户管理费、短信提醒费、跨行及跨地区手续费等,确保社会保障卡优先享有本行借记卡金融惠民等优惠政策。

二、参考依据

1.《江西省人民政府办公厅关于加快推进社会保障"一卡通"应用工作的通知》(赣府厅字〔2018〕62 号)

2.《海南省社会保障卡一卡通服务管理条例》

第十条　持卡人可以通过社会保障卡服务网点、网上服务平台、咨询服务电话等渠道开通社会保障卡应用功能。

持卡人可以通过社会保障卡合作银行服务网点开通社会保障卡金融功能，用于领取各类民生待遇资金、财政补贴资金，以及办理现金存取、转账、消费等业务。

社会保障卡服务网点应当为老年人、残疾人等提供服务便利。

社会保障卡一卡通应用服务场所应当设置社会保障卡读写、扫码终端，完善服务设施。

【释义】本条是关于社会保障卡的开通启用、为特殊人群提供服务以及服务设施的规定。

一、条文具体阐释

方便人民群众开通社会保障卡应用功能和金融功能，是实现社会保障卡一卡通用的前提条件，应该拓展开通启用渠道、提升服务能力、完善服务设施，为持卡人提供便利。

第一款是对社会保障卡应用功能启用服务渠道的规定，持卡人可以通过服务网点、线上服务平台、咨询服务电话等方式开通社会保障卡应用功能，方便群众办事少跑路，提高服务效率。

第二款是对社会保障卡的金融功能开通服务渠道的规定，按照人民银行及合作银行有关规定，开通社会保障卡银行账户，并列举了金融功能的应用领域。社会保障卡银行账户开通后可以作为普通借记卡使用，持卡人可以用社会保障卡领取各类民生待遇资金、财政补贴资金，以及办理现金存取、转账、消费等业务，各合作银行为银行账户资金存取、转账、消费提供了诸多优惠政策和便利化措施。

第三款是对特殊群体服务的规定,要求社会保障卡服务网点为特殊群体提供便利服务。特殊群体主要是指老年人和残疾人,包括因高龄、重病、受伤等致使行动不便的人群。例如基层网点上门、合作银行代办、线上预约办理等便民服务,方便参保人员就近办理社会保障卡服务事项,同时开通线上线下多种服务渠道,提供社会保障卡制发卡进度查询、领卡情况查询、社会保障卡状态查询、临时挂失等服务。

第四款是对社会保障卡应用服务场所完善相关服务设施的规定,是各场所支持社会保障卡应用,实现一网通办、全省通办的基础条件。

二、相关法律法规

1.《中华人民共和国老年人权益保障法》

2.《中华人民共和国残疾人保障法》

三、参考依据

1. 国家卫生健康委员会等 15 个部门《关于印发"十四五"健康老龄化规划的通知》(国卫老龄发〔2022〕4 号)

2.《人力资源社会保障部关于加强和改进人力资源社会保障领域公共服务的意见》(人社部发〔2016〕44 号)

3.《人力资源社会保障部办公厅关于开展"提升社会保障卡服务能力"专项行动的通知》(人社厅函〔2018〕295 号)

4.《人力资源社会保障部办公厅 中国人民银行办公厅关于

〈具有金融功能的第三代社会保障卡技术规范〉的通知》（银办发〔2017〕170 号）

5.《人力资源和社会保障部 中国人民银行关于社会保障卡加载金融功能的通知》（人社部发〔2011〕83 号）

6.《江西省人民政府办公厅关于印发加快推进我省社会保障卡一卡通及金保工程二期建设工作意见的通知》（赣府厅发〔2011〕56 号）

7.《江西省人民政府办公厅关于加快推进社会保障"一卡通"应用工作的通知》（赣府厅字〔2018〕62 号）

8.《上海市社会保障卡管理办法》

第十一条 社会保障卡可以用于证明持卡人身份,作为国家和省规定的公共服务场所身份核验、办理政务服务和居民服务事务、注册登录政务服务平台的有效身份证件。

持卡人办理政务服务和居民服务事务,政府有关部门及公共服务机构能够依托政务服务平台获取信息的,不得要求持卡人提供纸质文件资料或者相应证明材料。

【释义】本条是关于社会保障卡身份凭证功能及其应用的规定。

一、条文具体阐释

第一款规定了社会保障卡可以用于证明持卡人身份,作为持卡人的有效身份证件。具体来说,可将社会保障卡作为有效身份凭证使用的场景包括在全省各级政务服务大厅办事窗口、公共服务场所办理政务服务和居民服务事项,以社会保障卡账号注册和登录政务服务平台,将社会保障卡电子凭证功能纳入政务服务实名认证系统建设范畴。今后江西省还将进一步增强社会保障卡公共服务功能,拓展其在文化、旅游、体育、教育等领域应用,优先将社会保障卡作为省内各类体育、文化场馆的入场身份凭证使用。

第二款则明确规定政府有关部门及公共服务机构在提供服务时,实现多方数据实时共享互用,政府有关部门及公共服务机构可以通过政务服务平台共享获取相关信息的,不得重复向持卡人索要纸质文件资料或者相应证明材料,实现"减证便民"。

二、相关法律法规

《中华人民共和国刑法修正案(九)》

三、参考依据

1.《国务院办公厅电子政务办公室 人力资源社会保障办公厅关于依托全国一体化在线政务服务平台做好社会保障卡应用推广工作的通知》(国办电政函〔2020〕13 号)

2.《江西省人民政府办公厅关于加快推进社会保障"一卡通"应用工作的通知》(赣府厅字〔2018〕62 号)

3.《江西省政务服务管理办公室 江西省人力资源和社会保障厅 江西省信息中心关于依托全国一体化在线政务服务平台做好社会保障卡应用推广工作的通知》(赣政务明电〔2020〕17 号)

4.《江西省人民政府办公厅关于认真做好电子证照在政务服务中具体应用工作的通知》(赣府厅字〔2020〕45 号)

第十二条 县级以上人民政府及其有关部门应当将所有可以直接兑付到人到户的财政补贴资金、社会保险待遇等统一发放到社会保障卡。

【释义】本条是关于财政补贴资金、社会保险待遇等统一发放到社会保障卡的规定。

一、条文具体阐释

为深入贯彻落实习近平总书记关于推进社会保障卡居民服务"一卡通"的重要指示精神,进一步强化惠民惠农财政补贴资金发放管理,财政部等在2020年印发了《财政部 农业农村部 民政部 人力资源社会保障部 审计署 国务院扶贫办 银保监会 关于进一步加强惠民惠农财政补贴资金"一卡通"管理的指导意见》,要求将所有直接兑付到人到户的惠民惠农财政补贴资金统一发放到社会保障卡,江西省财政厅、江西省人力资源和社会保障厅也在2022年发布了《关于进一步加强惠民惠农财政补贴资金"一卡通"管理的通知》。国家人力资源社会保障部不断推动社会保险待遇发放进程。本条是对相关要求的落实性规定。

可以直接兑付到人到户的财政补贴资金包括但不限于:惠民惠农财政补贴;低保、特困人员分散救助供养、医疗救助、临时救助等各类社会救助资金;扶贫资金;优待抚恤资金;老年人高龄津贴,经济困难的高龄、失能老年人补贴;困难残疾人生活补贴和重度残疾人护理补贴等民生待遇,具体资金项目随国家的社会保障和社会救助政策进行调整。

可以直接兑付到人到户的社会保险待遇包括但不限于:城乡

居民养老保险、企业养老保险、机关事业单位养老保险、工伤保险、失业保险、医疗保险、生育保险等。

二、参考依据

1.《财政部 农业农村部 民政部 人力资源社会保障部 审计署国务院扶贫办 银保监会关于进一步加强惠民惠农财政补贴资金"一卡通"管理的指导意见》(财办〔2020〕37号)

2.《人力资源社会保障部关于加快推进社会保障卡应用的意见》(人社部发〔2014〕52号)

3.《江西省人民政府办公厅关于加快推进社会保障"一卡通"应用工作的通知》(赣府厅字〔2018〕62号)

4.《江西省财政厅 江西省人力资源和社会保障厅 关于进一步加强惠民惠农财政补贴资金"一卡通"管理的通知》(赣财社〔2022〕2号)

第十三条　国家和本省确定应当使用社会保障卡的政务服务、居民服务、社会治理等领域,有关部门不得再发放功能重复的民生服务卡、证或者电子二维码。国家另有发卡(码)要求的,融合使用。

前款规定以外的公共服务领域适合使用社会保障卡的,有关部门应当与人力资源社会保障主管部门协商,统一纳入社会保障卡一卡通。

【释义】本条是关于有关部门不得发放功能重复的民生服务卡、证(码)的规定。

一、条文具体阐释

习近平总书记在扎实推进长三角一体化发展座谈会上提出：要探索以社会保障卡为载体建立居民服务"一卡通"，在交通出行、旅游观光、文化体验等方面率先实现"同城待遇"。

第一款为了落实本条例的立法目的，推进"放管服"改革落地见效，减少人民群众手中的卡证数量，杜绝"一事一卡、互不通用"现象，明确了在国家和本省确定应当使用社会保障卡的政务服务、居民服务、社会治理等领域，有关部门不再发放功能重复的民生服务卡、证或者电子二维码。同时为保证江西省地方法规与国家有关规定的协调一致，故在保障江西省推行社会保障卡一卡通前提下，设置了"但书"条款，提出国家另有发卡（码）要求的要做到数据共享与社会保障卡融合使用，为其他卡的应用留下必要的过渡空间。

第二款是针对政务服务、居民服务、社会治理等领域以外的公共服务领域使用社会保障卡的规定，有关部门应当与人力资源社会保障主管部门协商，将其统一纳入社会保障卡一卡通，倡导使用社会保障卡替代已发放的其他民生服务卡、证或者电子二维码，真正实现社会保障卡一卡通用。

二、参考依据

1. 习近平总书记在扎实推进长三角一体化发展座谈会上的重要讲话（2022 年 8 月 22 日）

2.《江西省人民政府办公厅关于加快推进我省社会保障一卡通及金保工程二期建设工作意见的通知》（赣府厅发〔2011〕56 号）

3.《江西省人民政府办公厅关于加快推进社会保障"一卡通"应用工作的通知》(赣府厅字〔2018〕62号)

4.《海南省社会保障卡一卡通服务管理条例》

第十四条 社会保障卡一卡通应用服务事项实行目录清单管理。省人民政府政务服务管理部门和人力资源社会保障主管部门应当会同有关部门规范编制、动态管理并及时更新应用服务事项目录,向社会公布。鼓励市、县(区)人民政府及其有关部门创新应用,制定补充目录,报上级人民政府政务服务管理部门和人力资源社会保障主管部门备案后实施。

市、县(区)人民政府及其有关部门应当按照国家和省有关规定,公布社会保障卡一卡通应用服务事项的申请条件、基本流程、办理时限等。

支持国家机关、企业事业单位、人民团体、社会组织依托社会保障卡身份识别、金融服务等功能开发其他便民服务,促进跨领域、跨行业集成应用。

【释义】本条是关于社会保障卡一卡通应用服务事项目录清单编制管理的规定。

一、条文具体阐释

社会保障卡一卡通应用领域和相关服务事项是不断发展的,因此具体应用服务应根据发展需要而不断完善,动态目录管理方式是目前最科学合理的方式。

第一款明确规定由省人民政府政务服务管理部门和人力资

源社会保障主管部门会同有关部门规范编制、动态管理和及时更新应用服务事项目录,并向社会公开,便于持卡人知晓一卡通应用场景。同时还鼓励市、县(区)人民政府及其有关部门创新应用,制定补充目录。制定补充目录时应报上级人民政府政务服务管理部门和人力资源社会保障主管部门备案后实施。

第二款规定市、县(区)人民政府及其有关部门要主动公布社会保障卡一卡通应用服务事项的申请条件、基本流程、办理时限等,便于让持卡人了解如何使用社会保障卡办理相关业务。

第三款规定鼓励国家机关、企业事业单位、人民团体、社会组织开发其他便民服务,比如探索推进在社会福利、社区服务、社会工作、住房保障、住房公积金、公共安全等领域的应用,推动在更大范围、更多领域实现社会保障卡一卡通用。

二、参考依据

1.《人力资源社会保障部关于印发〈人力资源社会保障信息化便民服务创新提升行动方案〉的通知》(人社部发〔2020〕83号)

2.《人力资源社会保障部关于加快推进社会保障卡应用的意见》(人社部发〔2014〕52号)

3.《海南省社会保障卡一卡通服务管理条例》

第十五条 县级以上人民政府人力资源社会保障主管部门应当会同有关部门通过报刊、广播、电视和网络媒介,对社会保障卡的功能、应用领域、用卡规范和服务规程等开展宣传,营造良好的社会保障卡一卡通应用服务环境。

县级以上人民政府政务服务管理部门和人力资源社会保障

主管部门应当会同有关部门组织社会保障卡一卡通应用服务场所的工作人员开展相关业务培训,提高社会保障卡一卡通应用服务水平。

【释义】本条是关于政府及相关职能部门对社会保障卡一卡通应用服务宣传及培训职责的规定。

一、条文具体阐释

第一款是对政府关于社会保障卡一卡通应用宣传的职责要求。国家和省多个文件明确要求各地、各有关部门要以社会保障卡便民服务为重点,广泛开展各类宣传活动,切实提高群众用卡的积极性和主动性,营造社会保障卡"一卡通"应用的良好社会氛围。要做好各项应用功能加载至社会保障卡的宣传解释工作,确保平稳过渡。本款规定将有关要求通过地方性法规的形式确立下来,有利于推动相关部门加大社会保障卡一卡通的宣传力度。宣传的职责主体是县级以上人民政府人力资源社会保障主管部门及其他相关部门。宣传的方式和途径是多样的,可以通过报刊、广播、电视和网络等媒介,也可以通过其他途径广泛开展宣传,让人民群众充分了解社会保障卡一卡通的应用范围、功能和便利性等。

第二款是对社会保障卡一卡通应用服务培训职责的要求。培训是保障社会保障卡一卡通应用能否顺利推进的重要工作。本款首先明确了培训的职责主体是县级以上人民政府政务服务管理部门和人力资源社会保障主管部门和其他相关部门。其次培训的对象是社会保障卡一卡通应用场所的工作人员。工作人员的服务能力和水平直接影响社会保障卡一卡通应用的效果。人民群众对社会保障卡一卡通的接受程度,取决于其在应用过程中的便利性。因此,工作人员必须要熟悉社会保障卡一卡通的具体工作内容及流程,这样才能更好地为人民群众提供相应的服务工作,解决人民群众在社会保障卡一卡通应用过程中出现的问题,解答相应的疑问。县级以上人民政府政务服务管理部门和人力资源社会保障主管部门应当会同有关部门以社会保障卡一卡通推广应用为目标,制定专门培训计划,组织开展相关培训,优化服务流程,切实提高社会保障卡一卡通应用服务能力,为群众提供高频次、高黏性、高安全的线上线下应用,切实提升社会保障卡一卡通的服务水平。

二、参考依据

1.《国务院办公厅电子政务办公室 人力资源社会保障部办公厅 关于依托全国一体化在线政务服务平台做好社会保障卡应用推广工作的通知》(国办电政函〔2020〕13号)

2.《江西省人民政府办公厅关于加快推进社会保障"一卡通"应用工作的通知》(赣府厅字〔2018〕62号)

3.《江西政务服务管理办公室 江西省人力资源和社会保障厅 江西省信息中心关于依托全国一体化在线政务服务平台做好社会保障卡应用推广工作的通知》(赣政务明电〔2020〕17号)

4.《海南省社会保障卡一卡通服务管理条例》

第十六条 县级以上人民政府人力资源社会保障主管部门和政务服务管理部门应当会同有关部门利用技术、法律等手段,建立社会保障卡一卡通信息安全保障与监督机制，保障持卡人个人信息和资金安全。

需要查询、调用持卡人个人信息的，依照《中华人民共和国个人信息保护法》的规定执行，不得查询、调阅与服务无关的信息，确保持卡人信息安全。省人民政府社会保障卡一卡通应用服务有关部门应当制定查询、调用社会保障卡持卡人个人信息的程序及管理制度。

任何单位或者个人不得以任何方式、任何理由泄露持卡人信息，不得非法扣押持卡人的社会保障卡。

【释义】本条是关于社会保障卡一卡通应用中信息安全保障与监督机制的建立与信息安全使用的规定。

一、条文具体阐释

加强信息安全保障是维护公民合法权益的重要前提和根本保证。社会保障卡不仅存储了持卡人个人基本信息，还关联了持卡人的医保、财政补助、交通、银行账户等相关信息。社会保障卡一卡通应用的一个突出特点则是信息共享，在信息共享中给持卡人带来便利，体现高效。但信息共享的同时也伴随着信息泄露的高风险。因此，社会保障卡一卡通信息安全保障不仅是社会保障卡持卡人个人权利保障问题，也涉及国家数据安全问题。有关部门要强化政务服务平台风险防控能力，建立安全制度，规范系统应用，按照社会保障卡的应用规范和管理要求，依法依规使用共享的社会保障卡信息和个人信息，加强个人隐私等敏感数据信息的保护。

第一款明确了信息安全保障与监督机制主体由县级以上人民政府政务服务管理部门和人力资源社会保障主管部门主导，其他相关部门予以配合。要坚持积极防御、综合防范的方针，全面提高信息安全防护能力，坚持管理与技术并重，利用技术和法律等手段从以下几方面建立相应的信息安全保障和监管机制：一是建设和完善社会保障卡一卡通应用信息安全监控体系，提高对网络攻击、病毒入侵、网络窃密的防范能力；二是大力推动密码技术在涉密信息系统和重要信息系统保护中的应用，建立社会保障卡一卡通应用信息安全等级保护制度，确立相应等级的安全建设和管理，做好信息系统定级备案、整改和监督检查；三是强化网络与信息安全应急处置工作，完善应急预案，加强对网络与信息安全设备设施建设的指导和协调；四是建立和完善社会保障卡一卡应用信息安全监管体制，充实监管力量，防止社会保障卡管理与服务的单位和工作人员违规操作而导致信息泄露。只有建立完善的社会保障卡信息安全保障与监管制度，多措并举，才能最大程度地保障社会保障卡信息安全，保障持卡人的个人信息与资金安全。

　　第二款明确了查询、调用持卡人信息的有关要求。依照《中华人民共和国民法典》和《中华人民共和国个人信息保护法》规定，自然人的个人信息受法律保护，对有关社会保障卡存储及在应用过程中涉及的个人信息管理和使用问题，应当遵循合法、正当、必要原则，不得过度处理。社会保障卡一卡通应用要求数据关联和信息共享，会涉及社会保障卡应用相关职能部门和单位调用社会保障卡个人信息，以及司法领域个人信息使用问题。有关单位基于履行法定职责或法定义务,或为应对突发公共卫生事件,或紧急情况下,为保护自然人的生命健康和财产安全所必需的情况下,可以查询和调用社会保障卡个人信息,但必须通过正当合法途径进行查询、调用,获取信息范围也应当与处理目的直接相关,只限于其服务范围,不得过度收集个人信息。因此,本款规定了省人民政府社会保障卡一卡通应用服务有关部门应当制定查询、调用社会保障卡个人信息的程序及管理制度,以保证查询调用相关信息时有章可循,既可以有效保障持卡人的个人信息安全,同时也能有效规范相应职能部门和工作人员依法依规办事。

第三款明确了对社会保障卡及个人信息的禁止性义务。社会保障卡个人信息受法律保护,任何单位和个人不得以任何理由、任何方式泄露持卡人信息。同时社会保障卡承载了身份识别、电子证照、信息查询、业务办理、待遇发放、医疗服务、金融服务等功能应用以及持卡人的个人基本信息,扣押持卡人社会保障卡,容易导致持卡人的个人信息泄露,导致持卡人用卡困难,侵害了持卡人的合法权益。因此,本款明确禁止任何单位和个人非法扣押持卡人的社会保障卡。

二、相关法律法规

《中华人民共和国个人信息保护法》

三、参考依据

1.《国务院办公厅电子政务办公室 人力资源社会保障部办公厅关于依托全国一体化在线政务服务平台做好社会保障卡应用

推广工作的通知》(国办电政函〔2020〕13号)

2.《人力资源社会保障部关于印发"中华人民共和国社会保障卡"管理办法的通知》(人社部发〔2011〕47号)

3.《人力资源社会保障部办公厅关于全面开展电子社会保障卡应用工作的通知》(人社厅发〔2019〕45号)

4.《江西政务服务管理办公室 江西省人力资源和社会保障厅 江西省信息中心关于依托全国一体化在线政务服务平台做好社会保障卡应用推广工作的通知》(赣政务明电〔2020〕17号)

5.《海南省社会保障卡一卡通服务管理条例》

6.《上海市社会保障卡管理办法》

第十七条 持卡人应当妥善保管社会保障卡及其密码,不得出租、转让、出借本人社会保障卡。因本人原因造成个人信息泄露、账户资金损失的,由持卡人依法承担后果。

任何单位和个人不得冒领、冒用、盗用他人社会保障卡;不得伪造、变造或者买卖社会保障卡,买卖或者使用伪造、变造的社会保障卡。

【释义】本条是规范持卡人本人合法使用社会保障卡,禁止违法使用他人社会保障卡的规定。

一、条文具体阐释

第一款规定了持卡人本人不得违法使用自己的社会保障卡及违法用卡的相应后果。社会保障卡承载了持卡人个人信息,持卡人应妥善保管和使用社会保障卡,防止个人信息泄露。出租、转让或者出借本人的社会保障卡的行为很容易导致持卡人信息泄露或自身权益受损,该行为是一种违法违规行为,为法律法规所禁止。持卡人因出租、转让或者出借本人社会保障卡导致个人信息泄露或者账户资金损失,这是持卡人因本人的行为过错导致的法律后果,依法由本人承担,体现了过错自负原则。

第二款是针对他人对社会保障卡的违法违规行为的禁止性规定。一是禁止冒领、冒用、盗用他人社会保障卡的行为规定。冒领、冒用、盗用他人社会保障卡的行为是法律、法规所明确禁止的行为。如前所述,社会保障卡与持卡人具有唯一的依附性,任何人都不能冒领、冒用他人的社会保障卡,更不能盗用他人的社会保障卡,否则需要承担相应的法律责任。所谓"冒领",即冒名领取,用他人的名义领取他人的社会保障卡。如果要代他人领取社会保障卡的话,则需要委托人的明确授权。这里所说的"冒用",即冒充他人使用他人社会保障卡,既包括获得持卡人同意而冒名使用,也包括未经持卡人同意而冒名使用;"盗用",即未经持卡人同意而非法使用他人社会保障卡。二是不得伪造、变造或者买卖社会保障卡,买卖或者使用伪造、变造的社会保障卡。社会保障卡是由省人民政府人力资源社会保障主管部门按照国家统一标准制作发行,作为持卡人享受社会保障以及其他公共服务的民生服务卡。伪造、变造或者买卖社会保障卡,买卖或者使用伪造、变造的社会保障卡不仅侵害了持卡人合法权益,同样也严重违反了社会保障卡管理制度,属于违法违规行为,为法律法规所禁止。这里所说的"伪造",是指无社会保障卡制作权的人制作虚假的社会保障卡；"变造"，是指用涂改、擦消、拼接等方法，在真实的社会保障卡上进行变更、修改姓名、年龄等事项内容的行为。

二、相关法律法规

1.《中华人民共和国居民身份证法》

2.《中华人民共和国社会保险法》

3.《医疗保障基金使用监督管理条例》

4.《中华人民共和国刑法修正案（九）》

三、参考依据

1.《海南省社会保障卡一卡通服务管理条例》

2.《海南省社会保障卡一卡通管理办法》

3.《上海市社会保障卡管理办法》

第十八条　县级以上人民政府有关部门以及法律、法规授权的具有管理公共事务职能的组织应当依法将持卡人违法使用社会保障卡的行为记入其信用记录，并纳入省社会信用信息管理系统。

【释义】本条是关于社会保障卡一卡通应用服务过程中产生的诚信记录管理的规定。

一、条文具体阐释

人无信不可，民无信不立，国无信不威。诚信，是一个人安身立命之本。习近平总书记强调，对突出的诚信缺失问题，既要抓紧建立覆盖全社会的征信系统，又要完善守法诚信褒奖机制和违法失信惩戒机制，使人不敢失信、不能失信。本条明确了将社会保障卡一卡通应用服务诚信档案纳入信用信息管理系统,对持卡人违法使用社会保障卡的行为,依法记入信用主体的信用记录,是社会主义"诚信"核心价值观的具体体现。依照《江西省信用条例》规定,公共信用信息提供单位应当按照全国公共信用信息基础目录和本省公共信用信息补充目录记录信用主体的公共信用信息,公共信用信息提供单位在履职过程中产生或获取的信用主体信息,作为失信信息纳入信用主体的信用记录。县级以上人民政府有关部门以及法律、法规授权的具有管理公共事务职能的组织在社会保障卡一卡通管理、应用与服务过程中,发现持卡人有违法违规使用社会保障卡的行为,造成了不良信用记录,则有权将该信息记入持卡人信用记录,并纳入省社会信用信息管理系统,这既是相关职能部门的权力,也是其职责。只有将信用记录制度落实到位,才会促使持卡人诚信用卡,合法用卡。

二、参考依据

1.《江西省社会信用条例》

2.《海南省社会保障卡一卡通服务管理条例》

3.《海南省社会保障卡一卡通管理办法》

第十九条 政府有关部门、公共服务机构、社会保障卡合作银行及其工作人员,有下列行为之一的,属于国家工作人员的,对直接负责的主管人员和其他直接责任人员依法给予处分;属于其他工作人员的,由有关单位予以处理;构成犯罪的,依法追究刑事责任:

(一)不按照社会保障卡一卡通应用服务事项目录清单开展

社会保障卡服务的；

（二）违反本条例规定擅自发放功能重复的民生服务卡证码的；

（三）泄露或者违法查询、使用持卡人个人信息的；

（四）拒绝或者阻挠向持卡人提供社会保障卡一卡通应用服务的；

（五）拒绝或者阻止其他部门依法利用社会保障卡查询、调用本部门管理的持卡人资料信息的；

（六）利用制作、发放社会保障卡的便利，收受他人财物或者牟取非法利益的；

（七）骗取、截留、非法扣押社会保障卡的；

（八）通过社会保障卡非法套取社会保险基金或者财政补贴资金的；

（九）其他滥用职权、玩忽职守、徇私舞弊的行为。

县级以上人民政府人力资源社会保障主管部门和其他有关部门、公共服务机构、社会保障卡合作银行及其工作人员，在社会保障卡一卡通服务管理过程中，因滥用职权、玩忽职守给持卡人造成经济损失的，应当依法予以赔偿。

【释义】本条是关于社会保障卡管理与服务部门和工作人员违反有关应用服务职责应承担的法律责任的规定。

一、条文具体阐释

社会保障卡一卡通应用服务能否有效实现，关键在于社会保障卡管理与服务部门能否依法依规保障社会保障卡在本部门、本领域的合法有效使用,并且不损害持卡人权益。本条规定各类违反相关服务职责规定行为的法律责任,促使有关单位和工作人员认真履职,是社会保障卡一卡通应用服务的强有力保障。具体来说,本条包括以下内容:

责任主体。本条规定的责任主体是政府有关部门、公共服务机构、社会保障卡合作银行及其工作人员,即依法负有社会保障卡管理和服务职责的工作人员。

违法形式:本条规定的工作人员滥用职权、玩忽职守、徇私舞弊等职务违法行为。所谓职务行为,通常是指工作人员行使社会保障卡管理与服务职责的行为,是履行职责的活动,不是工作人员的个人行为,其具有职权性和身份性等特点,即工作人员是以相应部门工作人员的身份和名义在实施社会保障卡的管理与服务行为。

法律责任。本款规定的工作人员的法律责任分为几个层次,一是政务处分责任或内部处理责任。如果是国家工作人员,则应该承担行政处分或政务处分责任,一般包括:警告、记过、记大过、降级、撤职、开除等。如果是非国家工作人员,则由相关部门和单位按照单位管理制度和处罚制度进行处分。二是刑事责任。如果工作人员的行为已经严重构成犯罪的,则依照《中华人民共和国刑法》追究其刑事责任。有关部门和单位应该依法将案件移送给相关司法机关按司法程序进行处理。三是承担民事赔偿责任。如果工作人员在社会保障卡一卡通服务管理过程中因滥用职权、玩忽职守给持卡人造成经济损失的,则应当依法予以赔偿。持卡人可通过法律程序主张权利。

二、参考依据

1.《海南省社会保障卡一卡通服务管理条例》

2.《海南省社会保障卡一卡通管理办法》

3.《上海市社会保障卡管理办法》

第二十条 冒领、冒用、盗用他人社会保障卡,骗取社会保险基金的,由相关部门按照职责责令退回骗取的社会保险基金,处骗取金额二倍以上五倍以下的罚款;骗取财政补贴资金的,按照有关规定处罚;构成犯罪的,依法追究刑事责任。

伪造、变造或者买卖社会保障卡,买卖或者使用伪造、变造的社会保障卡,有违反治安管理行为的,由公安机关依法予以治安管理处罚;构成犯罪的,依法追究刑事责任。

【释义】本条是有关违法使用社会保障卡所应承担的法律责任的规定。目的在于打击各种违法使用社会保障卡、利用社会保障卡套取社会保险基金或财政补贴资金的行为。

一、条文具体阐释

第一款是社会保障卡持有人违法使用社会保障卡应承担的法律责任。社会保障卡记载持卡人身份信息,具有身份识别、电子证照、信息查询、业务办理、待遇发放、医疗服务、金融服务等功能,与持卡人是一一对应的,关系到持卡人个人信息安全和各种待遇权益。为了严厉打击利用社会保障卡实施违法犯罪行为,本款规定,对于冒领、冒用、盗用他人社会保障卡骗取社会保险基金的,则由相关部门按照职责责令退回骗取的社会保险基金,处骗取金额二倍以上五倍以下的罚款。这里"相关部门"则是指社会保险行政部门,相应法律责任则不仅要被责令退回骗取的社会保险基金,还要处骗取金额二倍以上五倍以下的罚款。该规定是对《中华人民共和国社会保险法》第八十八条的具体体现。如果是通过冒领、冒用、盗用他人社会保障卡骗取财政补贴资金的,则按照财政补贴领域的相应规定予以处罚。如果违法行为已经达到犯罪的程度,则要承担刑事责任。比较典型的是以诈骗罪追究其刑事责任。根据《中华人民共和国刑法》第二百六十六条规定,诈骗公私财物,数额较大的,处三年以下有期徒刑、拘役或者管制,并处或者单处罚金;数额巨大或者有其他严重情节的,处三年以上十年以下有期徒刑,并处罚金;数额特别巨大或者有其他特别严重情节的,处十年以上有期徒刑或者无期徒刑,并处罚金或者没收财产。本法另有规定的,依照规定。根据2011年3月1日最高人民法院、最高人民检察院《关于办理诈骗刑事案件具体应用法律若干问题的解释》第二条规定诈骗公私财物达到本解释第一条规定的数额标准,具有下列情形之一的,可以依照刑法第二百六十六条的规定酌情从严惩处:(1)通过发送短信、拨打电话或者利用互联网、广播电视、报纸杂志等发布虚假信息,对不特定多数人实施诈骗的;(2)诈骗救灾、抢险、防汛、优抚、扶贫、移民、救济、医疗款物的;(3)以赈灾募捐名义实施诈骗的;(4)诈骗残疾人、老年人或者丧失劳动能力人的财物的;(5)造成被害人自杀、精神失常或者其他严重后果的。因此,如果利用社会保障卡骗取社会保险基金或者财政补贴资金符合上述情节之一的,则可从严惩处。

第二款是针对伪造、变造或者买卖社会保障卡,买卖或者使用伪造、变造的社会保障卡的违法行为的法律责任规定。依照《中华人民共和国刑法》第二百八十条、第二百八十条之一规定,伪造、变造、买卖居民身份证、护照、社会保障卡、驾驶证等依法可以用于证明身份的证件的,处三年以下有期徒刑、拘役、管制或者剥夺政治权利,并处罚金;情节严重的,处三年以上七年以下有期徒刑,并处罚金;在依照国家规定应当提供身份证明的活动中,使用伪造、变造的或者盗用他人的居民身份证、护照、社会保障卡、驾驶证等依法可以用于证明身份的证件,情节严重的,处拘役或者管制,并处或者单处罚金。因此,对于伪造、变造或者买卖社会保障卡,买卖或者使用伪造、变造的社会保障卡的行为,如果情节严重构成犯罪的,则可以依照刑法第二百八十条、第二百八十条之一规定确定的伪造、变造、买卖身份证件罪和使用虚假身份证件、盗用身份证件罪罪名追究其刑事责任。如果其行为还没有达到构成犯罪的程度,仅违反治安管理行为的,则依照《中华人民共和国治安管理处罚法》进行治安管理处罚。

二、相关法律法规

1.《中华人民共和国刑法修正案(九)》

2.《中华人民共和国治安管理处罚法》

3.《中华人民共和国社会保险法》

4.《医疗保障基金使用监督管理条例》

三、参考依据

1.《海南省社会保障卡一卡通管理办法》

2.《上海市社会保障卡管理办法》

第二十一条 违反本条例规定的其他行为,法律、法规已有处罚规定的,适用其规定。

【释义】本条是关于对违反本条例规定的其他行为的法律责任规定。

一、条文具体阐释

本条例第十九条和第二十条针对违反本条例具体行为应承担的法律责任作出了规定。但实践中情形复杂,除前述行为外还有其他违反本条例的行为规定,因此本条作为一个口袋条款,对本条没有具体规定的其他行为,法律、法规已有处罚规定,则适用其规定。

二、参考依据

《海南省社会保障卡一卡通服务管理条例》

第二十二条 本条例自 2022 年 10 月 1 日起施行。

【释义】本条是关于本条例实施时间的规定。

一、条文具体阐释

法的施行时间是法的重要组成内容之一,直接影响到法的时间效力,进而影响到法律主体的权利与义务关系。实践中,行政法规的施行时间会根据每部行政法规的具体情况和实际需要确定。一般有两种形式:一是由行政法规直接规定施行日期,在行政法规公布一段时间后才施行;二是在行政法规中没有直接规定施行日期,而是规定"本条例自公布之日起施行"。本条例采用第一种方式,主要是本条例为全国第二部社会保障卡一卡通领域的地方性法规,为做好本条例的宣传贯彻以及让相关部门和社会公众周知,完善相关配套制度留下准备时间。因此,从颁布到实施时间间隔四个月是合理的,且是有必要的。

二、相关法律法规

《中华人民共和国立法法》